SWING TRADING

El Manual Del Principiante Para Hacer Dinero Siguiendo La Tendencia

DESCRIPCIÓN DEL LIBRO

El mercado financiero es uno de los mejores mercados para comerciar hoy en día. El trading (bursátiles) es uno de los negocios más lucrativos disponibles para ti hoy en día. No importa si eres un comerciante o trader solitario de pequeña escala o una corporación gigante. Este pastel multimillonario es una gran oportunidad.

Este libro, "El Manual Del Principiante Para Hacer Dinero Siguiendo La Tendencia" está escrito específicamente para ti - el principiante. Comienza con un enfoque introductorio básico que te permite comprender los conceptos clave del comercio Swing, una estrategia única de comercio de valores financieros.

La vida sin riesgo es inexistente. Cada negocio tiene su propio riesgo. El riesgo es el costo de hacer negocios. Lo que diferencia a un comerciante astuto de un comerciante ordinario es la capacidad de conocer, comprender y apreciar el riesgo. Es sobre este conocimiento, comprensión y apreciación que un comerciante puede ser capaz de planearlo, establecer un mecanismo de seguridad y establecer cuánto está dispuesto a arriesgar para maximizar los beneficios. Este libro te proporciona información sobre varios riesgos asociados con el seguimiento de tendencias y las mejores estrategias para gestionarlos.

Cada decisión y acción que tomas se basa en ciertos parámetros. Estos parámetros tienen tanto el límite inferior como el superior. Cuando un determinado evento anticipado hace que el patrimonio rompa los límites, se debe tomar una decisión y se debe actuar. Debe haber disparadores, señales o indicadores que te notifiquen que se han roto los límites. En el comercio Swing, romper los límites es lo que comúnmente se conoce como "rupturas". Las

2

rupturas son extremadamente significativas ya que permiten decidir la compra o la venta. Este libro te guía sobre cómo establecer límites, detectar las rupturas y maximizar las oportunidades de ganar dinero.

Inevitablemente, todo negocio comienza en algún lugar. Las empresas que deciden cotizar en bolsa, es decir, que cotizan en el mercado de valores deben hacer una oferta pública inicial. Una OPI es un acrónimo que significa Oferta Pública Inicial. Naturalmente, y tradicionalmente, las OPI atraen un interés significativo. Esto trae mucha especulación y oscilaciones de precios. Esta es una rara oportunidad para que un swing trader obtenga un gran beneficio. Tú también puedes obtener un gran beneficio de la OPI. En este libro, nos esforzamos por ayudarte a tener éxito.

Dicen que la fortuna de un hombre es ruina de otro hombre. Esto es tan cierto con los mercados de valores. Cuando uno decide entrar en el mercado, otro decide salir. Cuando uno toma una decisión de venta, otro toma una decisión de compra. Del mismo modo, cuando un toro sube una colina, un oso desciende. Osos y toros, bajista y alcista describen acertadamente a los jugadores del mercado de valores y sus respectivos hábitos. ¿Eres un oso o un toro? Te lo haremos saber.

Los anuncios son cruciales cuando se trata de los mercados de valores. Proporcionan información que ayuda a tomar decisiones. Un anuncio de ganancias es una pieza crucial de información que conduce ciertos comportamientos del mercado y desencadena ondas que provocan oscilaciones. Como swing trader, debes mantener tus oídos en el suelo. ¿Cómo afecta un anuncio de ganancias a tu posición? En esta guía, es nuestro deber hacértelo saber.

¡Disfruta de la lectura!

REGALO INCLUIDO

Si eres un empresario, un aspirante a empresario, alguien que está tratando de crear un flujo de ingresos adicionales o incluso alguien que sólo ama los libros de mejora personal; entonces tienes que leer mis recomendaciones sobre los 10 mejores libros de negocios de todos los tiempos. Estos libros leídos por mí han cambiado mi vida para mejor.

Los 10 mejores libros de negocios

SOBRE EL AUTOR

Jorge Pain es un empresario, autor y consultor de negocios. Se especializa en la creación de negocios en línea desde cero, estrategias de ingresos de inversión y soluciones de movilidad global. Ha construido con éxito varios negocios desde cero y está entusiasmado por compartir sus conocimientos contigo. Aquí está una lista de sus libros.

Libros de Jorge Pain

DESCARGO DE RESPONSABILIDAD

CONTENIDOS

INTRODUCCIÓN

El trading se trata de obtener una ganancia. En un mercado multimillonario como el de valores, el potencial para obtener grandes beneficios es real. Sin embargo, pocos se pierden estos enormes beneficios potenciales simplemente por falta de información y experiencia.

En esta guía, no sólo te presentamos un tipo de comercio único - el swing trading, sino también cómo obtener beneficios de él. Un trader experimentado es aquel que ha dominado la historia de su negocio y puede utilizar fácilmente esos datos históricos para predecir el futuro. Afortunadamente, para los mercados de valores, esta información está fácilmente disponible. También hay muchas herramientas que pueden permitirte pronosticar y hacer proyecciones basándote en la tendencia - un recorrido histórico de una acción determinada. Siguiendo la tendencia, puedes determinar cuándo comprar una acción y cuándo venderla con beneficio. Seguir la tendencia es una de las mejores maneras de hacer dinero mientras se negocian los valores. La información proporcionada en este libro está dirigida exactamente a esto - ayudar a hacer dinero a través del seguimiento de tendencias.

¡Sigue leyendo!

¿QUÉ ES EL SWING TRADING?

El trading es uno de los negocios más fáciles de hacer. La mayoría de los mercados tienen plataformas en línea que facilitan el comercio en línea a su conveniencia. Muchas personas entran en los mercados de valores como inversores en lugar de como traders. La inversión es a largo plazo con el objetivo de obtener ganancias de capital. Sin embargo, puedes entrar en los mercados de valores no como inversor sino como trader.

El swing trading es una de las actividades comerciales más populares en los mercados de valores financieros.

¿Qué es un swing?

Un swing es una fluctuación significativa en el valor de un activo o una cuenta.

¿Qué es el swing trading?

El swing trading es una actividad especulativa en el mercado de valores en la que un activo negociable se mantiene durante varios días con el objetivo de obtener beneficios en un swing.

¿Por qué hay que diferenciar entre el swing trading y la inversión?

Un gran error que cometen los nuevos participantes en el mercado de valores es la falta de distinción entre el trading y la inversión. En el trading, tu deseo es maximizar la ganancia. Al invertir, tu deseo es maximizar la riqueza. Por lo tanto, aunque tu objetivo final podría ser hacerte rico, el trading y la inversión son dos enfoques distintos.

El trading es a corto plazo y se centra en el diferencial de precios. Su objetivo es maximizar la diferencia positiva neta entre tu precio de compra (costo) y el precio de venta (ingresos). Cuanto mayor sea la diferencia positiva neta, mayor será la ganancia. Si sigues acumulando estos beneficios, terminas construyendo tu riqueza.

La inversión es a largo plazo. Al invertir, buscas una seguridad cuyo valor fundamental seguirá aumentando. Por lo tanto, estás adquiriendo un activo de capital (acciones), en lugar de un activo de ingresos (valores).

En el trading, tu enfoque está más en el movimiento de los precios y por lo tanto utilizas el análisis técnico, en la inversión, el enfoque está más en el valor intrínseco y por lo tanto utilizas el análisis fundamental.

Si abordamos el swing trading con la mentalidad de un inversor, es probable que no vayamos a maximizar los beneficios. Debes enfocar el swing trading con la mentalidad de un trader. La mentalidad de un inversor puede hacer que te aferres a una acción cuando deberías haberla vendido, con la consiguiente pérdida de ingresos. Un trader no tiene ningún interés inherente en aferrarse a una excepto para maximizar el beneficio.

¿Cuáles son los pros y los contras del swing trading?

El swing trading, como cualquier otro compromiso, tiene sus propios pros y contras.

Pros

1. Mayor potencial de ganancias - En comparación con el trading intradiario (day trading), el swing trading tiene un potencial de ganancias relativamente mayor

2. Conveniencia de tiempo - A diferencia del trading intradiario, en el que hay que vigilar el mercado, las operaciones swing consumen menos tiempo. Esto te permite llevarlo a cabo a tiempo parcial mientras te dedicas a otras actividades generadoras de ingresos.

3. Mayor relación riesgo/beneficio - Los swings tienen un mayor potencial para lograr su objetivo de ganancias que el trading intradiario. La relación riesgo/beneficio de entre 1:3 y 1:10 es común.

4. Menos tensión - Además de ahorrar tiempo, el swing trading es menos estresante, ya que tu adrenalina no tiene que seguir oscilando debido a pequeñas variaciones de precios ocasionadas por el trading intradiario. El swing trading tiene el potencial de tener grandes fluctuaciones de precio que son menos probables de desafiar tu precio de parada (stop price).

Contras

1. Órdenes de protección más grandes - En relación con el trading intradiario, las órdenes de protección son generalmente más grandes. Esto significa que tienes una cartera más grande expuesta al riesgo que con el trading intradiario. Eso significa que necesitas una mejor gestión de riesgos para salvaguardar tu cartera.

2. Congestión - A veces el mercado puede estar congestionado caracterizado por violentos cambios en ambas direcciones. Esto puede detenerte repetidamente y causarte pérdidas voluminosas.

3. Apetito incontrolado - Debido a que es un mercado que se caracteriza por su rapidez y baja tensión, uno puede sentirse tentado a entrar en varios mercados, exponiendo así más carteras al riesgo. Esto no es un problema de

mercado sino un problema habitual con el que se puede tratar.

¿Cuál es la mejor estrategia de Swing Trading?

En términos más sencillos, las estrategias de Swing Trading son aquellas que te permiten:

- Comprar en la fase descendente cuando el precio está a punto de subir
- Vender en la subida cuando el precio está a punto de bajar.

Esencialmente, se trata de comprar en la parte inferior y vender en la parte superior.

Los elementos esenciales para la estrategia de Swing Trading

- Establecer una tendencia
- Detectar de retrocesos de una tendencia
- Entrar en la tendencia al precio más óptimo
- Arriesgar menos por más
- Obtener ganancias rápidas

Una estrategia básica de Swing Trading

La siguiente es una estrategia básica de Swing Trading que se puede dominar a través de la práctica y la experiencia:

- Entra en la tendencia cuando el precio supera el anterior máximo de swing (concluye por encima del nuevo máximo)
- Pon tu stop-loss justo por debajo o en el swing bajo anterior
- Aumenta el stop-loss en cada nuevo swing bajo

Pasos para el Swing Trading

A continuación, se indican los pasos básicos necesarios para aplicar una estrategia de swing:

1. Lleva a cabo un escaneo para identificar las acciones a negociar - una aplicación adecuada de trading tiene opciones de filtro que te permiten llevar a cabo un escaneo efectivo.
2. Utiliza patrones de gráficos para identificar disposiciones de gráficos de alta probabilidad.
3. Establece un punto de entrada basado en una buena relación riesgo/recompensa
4. Establece un punto de salida basado en una posición que maximice los beneficios

Bear contra Bull

En el swing trading y en el trading y valores en general, es importante conocer la diferencia entre Bear y Bull y así poder determinar si se va a mantener una posición bajista o una posición alcista.

¿Qué es un Bear (oso)?

Un oso es un inversor con una mentalidad pesimista respecto a una acción determinada y, por lo tanto, prefiere cosechar de su tendencia a la baja.

El comportamiento del Bear

Un Bear utiliza técnicas que le permiten obtener beneficios cuando el mercado cae, con el riesgo de hacer pérdidas cuando el mercado sube. Una de las técnicas más comunes utilizadas por los Bears es la venta corta (short selling). La venta corta implica comprar bajo y vender alto, pero en orden inverso. Es decir, vender primero y comprar después, con la esperanza de que el precio haya bajado.

La venta al descubierto se vuelve rentable con el acto de pedir prestado acciones para vender en lugar de comprar para vender.

¿Cómo obtiene beneficios un Bear?

Un Bear toma prestado un cierto volumen de acciones de un corredor con la esperanza de que su precio baje. Luego las vende y devuelve el mismo volumen de acciones al corredor cuando los precios bajan. De esta manera, obtiene un beneficio de la diferencia. Por ejemplo, compra 100 acciones por valor de 1 dólar a un corredor de bolsa. Las vende probablemente a $0.9 cada una (por un monto de $90). Cuando el valor de las mismas cae a $0.4, recompra 100 acciones (por un total de $40) y las devuelve a los corredores. El operador te devolverá el número exacto de acciones que pidió prestado. Sin embargo, habrá obtenido una ganancia de 50 dólares (es decir, 90 dólares - 40 dólares = 50 dólares).

¿Qué es un Bull (toro)?

Un Bull es un inversor con una mentalidad optimista en relación con una determinada acción/bolsa y, por lo tanto, prefiere cosechar de una tendencia al alza (es decir, comprar bajo y vender alto). Un alza se centra en la tendencia alcista.

Mercados alcistas contra mercados bajistas (Bull Markets vs. Bear Markets)

Un mercado alcista se caracteriza por los sentimientos positivos y el optimismo. Esto crea una demanda de acciones, que hace que los precios sigan una tendencia al alza.

Por otra parte, un mercado bajista se caracteriza por sentimientos negativos y pesimismo. Esto hace que los precios sigan una tendencia general a la baja.

RIESGOS DE SEGUIR LA TENDENCIA

Cualquier inversión implica riesgos. De hecho, la inversión se trata de riesgo para beneficiarse de su recompensa. Sin riesgo, no se puede hacer una inversión. Incluso la inversión más segura tiene un riesgo aparente.

El swing trading también implica riesgos propios. La forma en que percibes y tratas los riesgos depende de tu mentalidad. Tu mentalidad determina tu nivel de tolerancia al riesgo.

La tolerancia al riesgo se refiere simplemente al nivel de riesgo que un inversor está dispuesto a asumir al llevar a cabo una determinada decisión de inversión.

Antes de detenernos más en los riesgos de seguir una tendencia, entendamos los diferentes tipos de mentalidad de riesgo;

- **Adversos al riesgo** - Esta mentalidad evita el riesgo en la medida de lo posible. Una mentalidad de aversión al riesgo invertirá más en coberturas seguras. Presta más atención a la seguridad que a los beneficios. Le encanta la estabilidad y odia los swings. Una mentalidad de aversión al riesgo muestra bajos niveles de tolerancia al riesgo.
- **Tomador de riesgos** - Esta mentalidad aprecia los riesgos y cree en la filosofía de que "cuanto más alto es el riesgo, más alta es la recompensa". Una persona que toma riesgos se centra en mayores recompensas y aprecia los grandes cambios. Una persona que toma riesgos muestra altos niveles de tolerancia al riesgo.
- **Neutral al riesgo** - Esta mentalidad no es ni adversa al riesgo ni tomadora de riesgos. Es más equilibrada.

Considera la importancia del riesgo como el sacrificio necesario para invertir, pero no lo asume. Una mentalidad de riesgo neutral busca un punto de equilibrio donde el riesgo y la recompensa se equilibran. Sin embargo, tal punto es más idealista que la realidad. Una mentalidad neutral respecto al riesgo considera que otros factores son más importantes que el riesgo y, por lo tanto, tiene menos consideración hacia estos. Por ejemplo, una mentalidad de neutralidad respecto del riesgo considerará la reputación de una empresa en lugar de la volatilidad de sus acciones en el mercado. Una mentalidad de riesgo neutral muestra niveles moderados de tolerancia al riesgo.

De lo anterior se desprende que el swing trading no es para los que son reacios al riesgo. El swing trading favorece a los que toman riesgos.

Tolerancia al riesgo contra Capacidad de riesgo

Mientras que la tolerancia al riesgo se refiere a una medida de la voluntad de absorber el riesgo, la capacidad de riesgo se refiere a tu capacidad de tolerar el riesgo. Así pues, la tolerancia es de naturaleza cualitativa mientras que la capacidad es de naturaleza cuantitativa. Mientras que la tolerancia al riesgo es más rígida, la capacidad de riesgo es muy flexible. La capacidad de riesgo depende de tu propia y única situación financiera. Si tu situación financiera mejora, entonces, tienes más carteras que arriesgar. Por otro lado, si tu situación financiera se contrae, tienes una cartera más pequeña que arriesgar.

Estrategia de riesgo

Toda estrategia de riesgo se basa en la tolerancia al riesgo de cada uno. La estrategia de riesgo abarca los siguientes pasos:

1. Determina tu propio horizonte de inversión - La urgencia o la prontitud con que necesites recuperar tu dinero determinará tu horizonte de inversión. Puede ser días, semanas, meses o años. Las acciones son más bien volátiles a corto plazo que a largo plazo. Por lo tanto, si tienes niveles de tolerancia de bajo riesgo, desearás invertir de manera más conservadora a corto plazo y más liberal a largo plazo.
2. Considera corrientes de ingresos alternativas - Tu dependencia de una corriente de ingresos aumenta tu vulnerabilidad frente a ella. Por lo tanto, si el trading es tu principal fuente de ingresos, entonces, eres más vulnerable. Por lo tanto, serías más cauteloso con respecto a los riesgos. Sin embargo, si tienes un trabajo con sueldo fijo u otros ingresos regulares como por ejemplo algún alquiler, entonces, estarías más dispuesto a asumir mayores riesgos en el trading. Esto también influirá en el horizonte temporal de tu inversión porque, si dependes únicamente del trading, entonces, necesitarías una cartera importante que produzca flujos de ingresos a corto plazo para satisfacer las necesidades de consumo diario.
3. Establece tu nivel de persistencia - Las acciones pueden debilitarse antes de recuperarse con más fuerza. Si eres incapaz de persistir por más tiempo, probablemente debido a las necesidades apremiantes de efectivo que requieren que dispongas de tu participación, entonces, no durarás lo suficiente para cosechar tu posición fuerte.
4. Haz coincidir tu asignación de activos con tu tolerancia al riesgo - Tu asignación de activos (efectivo) hacia tu cartera de acciones debe coincidir con lo que consideras suficientemente seguro como para arriesgarlo sin perturbar tus necesidades diarias de ingresos.

Herramientas y técnicas de gestión del riesgo de las acciones

Hay varios instrumentos y técnicas que se pueden emplear en la gestión del riesgo de las acciones. Estas herramientas y técnicas incluyen:

1. Orden límite de Stop-Loss
2. Opciones

Orden de Stop-Loss

Es un pedido hecho a un corredor que combina los beneficios de una orden de detención (stop) y una orden de limitación. Esta orden automáticamente se ejecuta a un precio determinado o mejor después de que se haya alcanzado un precio determinado.

Opciones

Hay dos tipos principales de opciones:

- Opción call - Es un instrumento que otorga al comprador el derecho, sin obligación alguna, de comprar una acción determinada a un precio determinado dentro de un período definido.
- Opción put - Es un instrumento que otorga al vendedor el derecho, sin obligación alguna, de vender un cierto número de un determinado título a un precio determinado dentro de un período definido.

Consejos y trucos sobre la gestión del riesgo:

1. Establecer una orden de stop-loss
2. Establecer la relación riesgo/recompensa
3. Llevar a cabo el dimensionamiento de la posición

¿Qué es una tendencia?

Bueno, literariamente, casi todo el mundo sabe lo que es una tendencia. El mismo significado se aplica a los valores financieros. Sin embargo, podemos ampliarlo un poco más en el contexto de los valores financieros.

Una tendencia es simplemente la dirección general del precio de una acción o de un mercado de valores.

Tipos de tendencias

Hay varios tipos de tendencias. Sin embargo, pueden clasificarse en función de dos grandes factores:

- Dirección
- Tiempo

Tendencias basadas en la dirección

Basándonos en la dirección, tenemos dos tipos de tendencias:

1. Tendencia alcista - Se caracteriza por una serie de altos y bajos más altos que crean bajos más bajos
2. Tendencia descendente - Se caracteriza por una serie de bajos y retrocesos que crean altos más bajos

Tendencias basadas en la duración

Esto se refiere al tiempo que dura una tendencia en su dirección. Por lo tanto, tenemos tres tipos principales:

1. Tendencias primarias - También llamadas tendencias principales. Duran desde varios meses hasta años.
2. Tendencias secundarias - Estas se insertan dentro de una tendencia primaria y duran desde varias semanas hasta unos pocos meses

3. Tendencias a corto plazo - Estas duran desde varios días hasta unas pocas semanas.

Cómo identificar una tendencia

Para identificar una tendencia, comienza con un intervalo de gráfico diario. Si no hay una tendencia clara, cambia a un intervalo de tiempo mayor. Al observar una posible tendencia, no olvides que las tendencias experimentan períodos de corrección. También experimentan tendencias laterales conocidas comúnmente como consolidación o rango. Mientras que un marco temporal más corto puede mostrarlas de manera lateral, un marco temporal más largo puede suavizarlas.

¿Qué es lo que crea una tendencia?

Las tendencias se forman normalmente por las reacciones de los participantes debido a los sesgos de comportamiento. Los siguientes son algunos de estos sesgos de comportamiento:

- Manada (Herding) - Esta es la tendencia de muchos jugadores que se suben a un carro una vez que una tendencia parece ser citada, y por lo tanto la alargan.
- Sesgo de confirmación - La naturaleza humana es tal que busca puntos de vista, opiniones e información que apoyen su posición y creencias sesgadas. Esto es lo que comúnmente ven los inversionistas que compran acciones que recientemente tienen mayores ganancias y la venta de los que han mostrado recientemente menores ganancias, facilitando así la tendencia al alza o a la baja, respectivamente.
- Sesgo de tolerancia al riesgo - Si la mayoría de los inversores tienen el mismo nivel de tolerancia al riesgo, es más probable que reaccionen de la misma manera a la

información del mercado, impulsando así una tendencia al alza.

¿Qué es seguir la tendencia?

El seguimiento de tendencias es una estrategia de comercio, trading (o inversión) que se caracteriza por tratar de aprovechar los movimientos a corto, mediano y largo plazo en diversos mercados. A este respecto, los seguidores de tendencias no pretenden prever niveles de precios específicos. Simplemente se lanzan a una tendencia y tratan de beneficiarse de los diferenciales de precios a lo largo de ella.

Los seguidores de tendencias entran en el mercado después de que una tendencia se establece debidamente con la esperanza de que persista en su trayectoria durante un tiempo significativamente largo.

¿Por qué seguir una tendencia?

Las siguientes son las principales razones por las que el seguimiento de tendencias ayuda:

- Para planear con anticipación - Una tendencia se mueve en una cierta dirección. Cuando se conoce la tendencia general, se puede entender fácilmente el mercado imperante y planificar adecuadamente.
- Para mejorar la previsibilidad - Una tendencia ayuda a establecer objetivos de precios y, por consiguiente, objetivos de beneficios.
- Para reducir el riesgo - El conocimiento te ayuda a evitar riesgos. Una tendencia ayuda a saber qué valores van bien en el mercado y cuáles no. De esta manera, puedes reducir tu riesgo evitando los que no van bien.

- Para maximizar las posibles oportunidades - Una tendencia te ayuda a identificar valores similares en los que puedes invertir.
- Para determinar los puntos de entrada y salida - Saber cuándo entrar en un mercado y cuándo salir es crucial. Entrar prematuramente significa que tu dinero está expuesto a un mayor riesgo. Salir prematuramente significa que pierdes oportunidades de ganancias. Entrar tarde significa que tendrás que comprar acciones a un precio más alto. Salir tarde significa que te arriesgas a que tu beneficio sea masticado por la caída de los precios.

¿Cuáles son los beneficios de seguir la tendencia?

Los siguientes son algunos de los beneficios de seguir una tendencia:

- Altos rendimientos - El seguimiento de tendencias ofrece mayores rendimientos en comparación con el scalping y el trading intradiario.
- Menor riesgo - El seguimiento de tendencias ofrece un menor riesgo en comparación con el scalping y el trading intradiario.
- Valor del dinero en el tiempo - A diferencia de la inversión, el swing trading te ayuda a obtener el valor neto más pronto que tarde.
- Menor coste de previsión - Los seguidores de las tendencias no tienen que sudar mucho, sólo tienen que identificar una tendencia, establecer un objetivo de beneficio y seguirlo hasta el objetivo.
- No necesitas toneladas de información - No necesitas estresarte y sobrecargarte con historias y cotilleos que circulan en los medios de comunicación financieros

- Puedes trabajar de forma pasiva - No necesitas pasar muchas horas cada día sentado detrás de la pantalla de tu ordenador para vigilar el mercado todos los días. Una vez que identifiques tu tendencia y establezcas el objetivo de ganancia, todo lo que necesitas es esperar.
- Estrategia bien definida - El seguimiento de tendencias se trata de tomar oportunidades en lugar de crearlas. Sólo tienes que montarte en la espalda de la tendencia.
- Directo - No necesitas aprender toneladas de indicadores y docenas de teoremas. Puedes reducir fácilmente a tus conceptos centrales.
- No hay sobrecarga de información - Conceptos simples, estrategias básicas es todo lo que necesitas.
- Sin lealtad a la marca - No estás atado a ninguna marca o acciones favoritas. Todo se trata de las tendencias.
- Un bendito malestar - Caos, incertidumbres, eventos sorpresivos - cosas que la mayoría evita, es todo lo que necesitas para cosechar en grande de los swings.

¿Cuáles son los mejores indicadores de tendencias?

Hay dos tipos principales de indicadores técnicos:

1. Indicadores de tendencia - Estos indicadores ayudan a establecer una tendencia para que puedas conocer la dirección general de una determinada acción o mercado.
2. Indicadores de impulso - Estos indicadores muestran los movimientos de los precios. Más aún, cuán rápido se mueven los precios.

¿Cuáles son los riesgos de seguir una tendencia?

- Riesgo nocturno - Este es un riesgo caracterizado por un cambio en los precios de los valores a medida que el día se mueve al siguiente.
- Tomar beneficios demasiado pronto - Este es un riesgo de establecer un objetivo de beneficios demasiado bajo en una tendencia, de modo que se tomen beneficios antes de que la tendencia crezca a niveles más altos. En este caso, se pierde en las ganancias adicionales.
- Salidas tardías - Este es un riesgo de que pierdas beneficios debido a que fijas tu objetivo de beneficios demasiado alto, de manera que la tendencia se invierte antes de alcanzar tu objetivo.
- Altas comisiones - Cuanto más corto es el período de trading, más alta es la comisión. Por ejemplo, la comisión del día de negociación es normalmente más alta que la comisión de swing trading. Por otro lado, las inversiones a largo plazo tienen una comisión más baja que el swing trading.

Seguir la Tendencia - factores a considerar

Mientras te preparas para aventurarte en el negocio de seguimiento de tendencias, ten en cuenta los siguientes factores que debes saber:

- Precio – El seguimiento de tendencias es sobre el precio. Esta es tu principal preocupación. Sólo tienes que mirar cuál es el precio actual para saber qué está haciendo el mercado. No es necesario hacer demasiadas predicciones.
- Administración del dinero - Una vez que una tendencia se establece, te subes a ella. Lo que es importante no es el momento, sino cuánto operar en el curso de la tendencia.
- Control de riesgos - La regla básica es reducir las pérdidas. El objetivo principal es preservar el capital hasta que se

establezca una tendencia más positiva. Por lo tanto, durante los períodos de alta volatilidad del mercado, el tamaño de las operaciones se reduce. Del mismo modo, durante los períodos de pérdida, la posición se reduce, y el tamaño del comercio se reduce.

- Diversificación - Es necesario diversificarse en varios mercados manejables para repartir los riesgos.
- Reglas - El precio y el tiempo son la clave en todo momento. Por lo tanto, el seguimiento de las tendencias debe ser sistemático.

Indicadores de seguimiento de tendencias

Los indicadores son una gran manera de simplificar la información sobre los precios. También proporcionan señales de tendencias comerciales y advierten de los cambios de tendencia.

Los indicadores son aplicables a todos los marcos temporales. También se pueden personalizar para adaptarse a las necesidades y preferencias únicas de cada trader.

Tipos de indicadores de seguimiento de tendencias:

- Promedios móviles - Estos suavizan los datos de los precios formando así una línea móvil que representa los promedios de los precios en un rango relevante (duración de tiempo). La elección de la media móvil depende del marco temporal de la operación. Los entusiastas de las tendencias prefieren las medias móviles de 50, 100 y 200 días. Hay varias maneras de interpretar los promedios móviles. La primera manera es observar la inclinación angular del promedio móvil. En caso de que se mueva predominantemente lateralmente durante una larga duración, entonces no hay tendencia de precios. Se está produciendo una variación. Si se inclina hacia abajo, una tendencia a la baja está en marcha. Si se inclina hacia arriba, se está produciendo una tendencia alcista. La segunda es el cruce de precios. Los cruces ocurren cuando una línea de 50 días cruza por encima de una línea de 200 días cuando ambos están trazados uno contra el otro en el mismo gráfico. Un indicador de compra ocurre cuando el precio se reduce por encima de un promedio móvil, mientras que se identifica un indicador de venta cuando el precio se reduce por debajo de un promedio móvil.

- MACD - Es un acrónimo de Media Convergencia/Divergencia. Este es un indicador de impulso usado en el seguimiento de tendencias. Se basa en las fluctuaciones por debajo o por encima de cero. Si las líneas están por encima de cero durante una duración persistente, entonces, es probable que haya una tendencia al alza. Por otra parte, si las líneas son inferiores a cero durante una duración persistente, entonces, es probable que haya una tendencia descendente. Una señal de venta potencial ocurre cuando la MACD cruza por debajo de cero. Las señales de compra potencial ocurren cuando la MACD se eleva por encima de cero. Una MACD comprende un par de líneas: una lenta y una rápida. Una decisión de venta ocurre cuando la línea rápida atraviesa y queda por debajo de la línea lenta. Por otro lado, una decisión de compra ocurre cuando la rápida corta a través y por encima de la lenta. La combinación de MACD con otros indicadores hace que las interpretaciones de la señal sean más claras.

- RSI - Este es un acrónimo para el Índice de Fuerza Relativa. Como el MACD, este es otro oscilador. Sin embargo, como su movimiento ocurre entre 0 y 100, su información es un poco diferente a la de MACD. Cuando el RSI está por encima de 70, el precio está sobrecomprado, y, por lo tanto, debe ser corregido. Cuando el precio llega a 70 y más durante períodos sostenidos, eso indica una tendencia alcista. Por otro lado, si el indicador es inferior a 30, el precio está sobrevendido - y por lo tanto propenso a un rebote. Cuando el precio se mantiene en 30 o baja de forma persistente durante mucho tiempo, indica una tendencia a la baja. Un indicador de compra ocurre cuando el indicador baja de 50 y rebota de nuevo sobre él. Esto indica simplemente que se ha producido un precio de retirada y que el inversor está comprando cuando la retirada está aparentemente cerrada (terminada) con la tendencia a la recuperación. 50 se considera ideal ya que el RSI apenas llega a 30 en una tendencia alcista a menos que signifique una probable inversión. Un indicador de corto plazo se produce en una tendencia a la baja y el RSI pasa de 50 y posteriormente se rescinde por debajo del indicador.

- OBV- Este es un acrónimo de Balance de Volúmenes. El indicador basado en el volumen es importante, especialmente en el seguimiento de tendencias. OBV agarra datos de grandes volúmenes para sacar un indicador de una sola línea. OBV mide la presión acumulada de venta/compra sumando el volumen en los días de ganancia y restando de él el volumen en los días de pérdida. Un precio en descenso debe complementarse con un OBV en descenso, mientras que un precio en aumento debe ir acompañado de un OBV en aumento. De esta manera, se confirma una tendencia.

RUPTURAS

Todo tiene sus propios límites. Si planeas tener éxito, debes ser capaz de establecer los límites operacionales dentro de los cuales actuar. Este mismo concepto se aplica al trading y más aún, al swing trading. Explotar fuera de estos límites te alertará de que necesitas tomar una decisión crítica o tomar una acción crítica. Explotar este límite es lo que generalmente se conoce como una ruptura (breakout). Sin embargo, en la jerga del trading, esto tiene su propio significado.

¿Qué es una ruptura?

Una ruptura es simplemente un movimiento de precio fuera del rango de precios establecido, caracterizado por un aumento de volumen. Este rango está delimitado por los niveles de soporte y resistencia.

Característicamente, una posición larga es introducida después de que el precio de la acción va más allá del nivel de resistencia. Alternativamente, una posición corta se introduce después de que la cotización de las acciones alcanza más allá del nivel de soporte.

La volatilidad sube cuando una acción sale del nivel de soporte o de resistencia. Después de la ruptura, la tendencia del precio se establece en la dirección de la fuga. Normalmente, esta ruptura empieza un punto de inicio para las principales tendencias de precios. Por lo tanto, las rupturas son indicadores cruciales para la estrategia comercial ya que marcan el comienzo de mayores oscilaciones de precios con márgenes de beneficio potencialmente más altos.

¿Qué es el comercio de ruptura?

Las operaciones de ruptura son una costumbre de comprar valores cuando se rompen por debajo de un nivel de soporte anterior o se rompen por encima de un nivel de resistencia anterior.

¿Cuáles son los principales indicadores de ruptura?

Para que las operaciones de ruptura sean exitosas, el mercado debe tener una tendencia al alza o un rango limitado, con la acción de los precios lo más cerca posible del extremo superior de ese rango. Los indicadores ayudan a confirmar una ruptura y a predecir su fuerza.

A continuación, se presentan los principales indicadores de ruptura:

- MACD (Media móvil de convergencia/divergencia) - El MACD es el indicador más comúnmente utilizado de las actividades financieras. Esto se debe a que es simple pero muy confiable. También puede ser analizado mediante el uso de una plantilla de histograma. Cuando un histograma aumenta de tamaño, significa un aumento del impulso. Cuando los precios e indicadores considerados se mueven en dirección opuesta, esto provoca divergencias. Esto permite detectar una inversión. Siendo un indicador de impulso, el MACD muestra el movimiento cuando se dispara una tendencia del mercado. Esta característica permite identificar una tendencia que potencialmente puede cerrarse abruptamente pensando que continúa en el momento actual.

- RSI (Indicador de Fuerza Relativa) - Este indicador es extremadamente útil para confirmar las rupturas de reversión. Crea divergencias, detectando que con el tiempo puede ayudar a predecir probables inversiones de tendencia. El RSI es un gran indicador que ayuda a establecer cuánto tiempo una tendencia ha sido sobrevendida o sobrecomprada. Si el RSI es 30 o va por debajo, se dice que el mercado está sobrevendido. Por otro lado, si es superior a 70, se dice que el mercado está sobrecomprado.

- El Indicador de volumen - Los indicadores de volumen como el Promedio Móvil Ponderado de Volumen (VWMA) ayuda a apoyar los indicadores de no-tendencia para traer más claridad. Ayudan a evaluar la salud de las tendencias.

¿Cuál es la mejor estrategia de ruptura del swing trading?

Es una metodología que permite a un operador encontrar un punto de entrada en una operación y tomar una posición en el punto formativo de una tendencia.

Los siguientes son elementos clave de una estrategia de ruptura:

1. Catalizador de ruptura

Esta estrategia está anclada en los movimientos del precio desencadenados por un evento externo (catalizador). En este caso, el catalizador es un evento que resulta en un gran impacto en el mercado. Por ejemplo, los resultados de las elecciones presidenciales de los Estados Unidos, Brexit, la carrera de los productos básicos, etc. Esos acontecimientos son generalmente imprevisibles y, por lo tanto, sus anuncios se convierten en el centro de rápidas reflexiones sobre el mercado imperante. Esto lo consideran sobre todo los inversores institucionales que deciden acumular o descargar un volumen considerable de valores. Estos inversores basan su decisión en su evaluación del impacto socioeconómico del catalizador.

Los swing traders establecen y afirman un catalizador que puede empujar grandes cantidades de comercio más allá de la resistencia y la ruptura resultante. Las tendencias alcistas con cantidades crecientes suelen significar una fuerte ruptura. Los volúmenes de ruptura que se expanden más allá de las actividades recientes del mercado confirman la fuerza de la tendencia.

Los brotes de consolidación pueden identificarse cuando se complementan con una tendencia alcista previa y comportamientos laterales caracterizados por una alta resistencia. Los volúmenes se determinan en una tendencia alcista en el punto en que el precio concluye (cierra) más allá del punto de mayor oscilación anterior en una cantidad en alza. Se considera que hay una alta probabilidad de persistencia cuando el cierre tiene lugar por encima del punto de mayor oscilación anterior sobre una cantidad en descenso.

En el caso de que un inversor compre una retirada después de la fuga (verde) y antes de la fuga de seguridad en el punto de swing anterior, un trader puede optar por mantener la posición en función de la probabilidad demostrada de una tendencia alcista persistente. En las retiradas posteriores, el inversor puede optar por operar basándose en la fuga del anterior punto de swing más alto, dependiendo del aumento de las cantidades.

Los catalizadores pueden ser las quiebras, las fusiones, las adquisiciones, los cambios drásticos en las ganancias (como las advertencias sobre beneficios) y otros anuncios financieros críticos que pueden servir de catalizadores.

Para beneficiarse con éxito de la ruptura de un catalizador, un inversor debería ser capaz de comprender las consecuencias probables del catalizador respectivo.

2. Rupturas Donchian

Este indicador muestra la resistencia y el apoyo de las acciones y, por lo tanto, ayuda a establecer la volatilidad y, por lo tanto, a determinar las posiciones cortas y largas. Es un indicador basado en la media móvil.

Se pueden utilizar gráficos diarios para determinar las rupturas de canal y así averiguar los mercados volátiles que se han transformado recientemente en menos volátiles a lo largo del período de negociación que va de 1 a 2 semanas.

3. Rellenos de gaps (huecos)

Un gap resulta de una apertura de existencias mayor que la que se cerró anteriormente. La diferencia entre el precio superior de apertura y el precio de cierre anterior representa su valor.

A medida que los precios bajan, se considera que las acciones han sufrido un "gapped down". Por otro lado, a medida que los precios suben, se considera que las acciones han sufrido un "gapped up".

Tipos de Gaps

Hay tres tipos básicos de gaps:

- Gap de ruptura - Este es un hueco que ocurre al final de un patrón de precios e indica el comienzo de una nueva tendencia.
- Gap de continuación - Esto ocurre en el medio de un patrón de precios e indica una afluencia de vendedores o compradores que comparten una creencia común en la dirección futura de las respectivas acciones
- Gap común - Esto no se puede colocar en un patrón de precios. Simplemente indica un área en la que el precio se ha disparado.

- Gap de agotamiento - Esto ocurre al final de un patrón de precios e indica un intento final de alcanzar nuevos mínimos o máximos.

Los anuncios de ganancias son generalmente catalizadores comunes de gaps. Esta información debe ser sensible al precio. Típicamente, las brechas se cierran cuando los swing traders colocan paradas en o debajo del punto en que se creó el gap.

Para mitigar los riesgos del hueco, los swing traders evitan mantener antes de las ganancias de la empresa, una diversificación y un tamaño de posición sólidos, y una mayor proporción de recompensa al riesgo.

Los traders obtienen beneficios comprando las instalaciones de relleno de gaps que se han vendido en exceso. Es probable que el riesgo comercial aumente en relación con un hueco más allá de los precios de entrada esperados y un hueco más allá de las órdenes de stop-loss. También podrían producirse gaps a través de la orden de stop-loss, provocando así que la orden se dispare hasta el precio de apertura de la acción.

Rellenar o no rellenar

Cuando un trader afirma que se ha "rellenado" un hueco, eso significa que el precio se ha rescindido al nivel original anterior al hueco. Cuando los huecos se llenan el mismo día de su aparición, esto se conoce como desvanecimiento.

4. El rebote del gato muerto (Dead Cat Bounce)

Se trata de una breve recuperación de una tendencia descendente persistente seguida de la continuación de una tendencia descendente.

Este acontecimiento se caracteriza por una drástica caída de los precios, un rebote en forma de V y la reanudación del descenso a ritmos relativamente moderados. Esto comienza con un gap de precios, seguido de una tendencia a la baja y luego un rebote, seguido de una disminución posterior al rebote y, por último, un segundo rebote.

Esto indica incluso una venta voluminosa, una tendencia alcista rota y un posterior proceso de descenso.

Cuando el precio se sitúa por debajo del precio en el que se produjo el rebote del gato muerto, esto indica a los traders que deben operar con una tendencia a la baja. En el punto de ruptura a la baja, vender las acciones en corto.

Pasos del comercio de ruptura

Los siguientes pasos clave pueden guiarle en gran medida:

1. Identificar al candidato - Detectar valores con niveles de resistencia o apoyo establecidos y monitorearlos. Ten en cuenta que cuanto más audaz sea el nivel de resistencia o apoyo, más jugoso será el resultado.
2. Relájate mientras observas la fuga - Después de la identificación no hagas un salto rápido en la operación. Esto podría ser prematuro. Espera pacientemente a que el precio seguro se rompa. Para asegurarte de que la ruptura se mantenga, el mismo día que el precio seguro va más allá de su resistencia o nivel de apoyo, espera hasta cerca del cierre de las horas de trabajo para realizar la transacción.
3. Establecer un objetivo realista - Es importante establecer los objetivos de la meta. Esto te guiará en el punto de salida en el que cosechar tus beneficios. Calcular el rango entre la resistencia y el apoyo (más aún, cuando se trata de patrones de trading) o calcular, en promedio, un movimiento hecho por la acción puede ayudarte a establecer los objetivos de la meta.

4. Deja que la seguridad vuelva a probarse - Después de romper el nivel de resistencia, el antiguo nivel de apoyo se convierte en el nuevo nivel de resistencia. En la mayoría de las circunstancias, la seguridad reintentará (reexaminar) el nivel anterior que había roto en los primeros días.

5. Apreciar cuando tu patrón/intercambio ha fallado - Un patrón o fuga falla cuando la seguridad intenta sin éxito reintentar un nivel de resistencia o apoyo anterior y rebota de nuevo a través de él. En este punto, es prudente que tomes tus pérdidas en lugar de apostar con ellas.

6. Salida hacia la conclusión del mercado (cierre) - Al comienzo del mercado, es difícil establecer si los precios se mantendrán en un nivel determinado. Esta es la razón principal por la que puede que tengas que esperar hasta casi el cierre del mercado para salir de una operación perdedora (mala). En caso de que la acción se haya mantenido fuera de un nivel de resistencia o apoyo preestablecido hacia la conclusión del mercado, el momento es propicio para concluir la posición y pasar a la siguiente.

7. Hacer una salida dirigida - En caso de que estés saliendo con éxito (sin una pérdida), eso significa que todavía estás en la operación. Sólo mantente hasta el punto en que el precio del valor alcance tu objetivo.

OPORTUNIDADES DE ALTA RECOMPENSA Y BAJO RIESGO

Todo trader desea maximizar los beneficios. Sin embargo, el swing trading se basa en la volatilidad de las acciones para obtener una ganancia. Esto significa que el riesgo es un factor inevitable. Generalmente, las inversiones de alto riesgo tienen el potencial de producir mayores rendimientos y viceversa. Sin embargo, existen esas oportunidades únicas, sólo disponibles para unos pocos conscientes de la información, en las que se puede lograr una alta recompensa a partir de una oportunidad de bajo riesgo. Para identificar esa oportunidad se requiere una conciencia deliberada y sostenida. Esto requiere tener una buena estrategia.

Una estrategia de swing trading para encontrar operaciones rentables de bajo riesgo con tendencias de precios y acciones.

El riesgo es un componente importante del trading y la inversión, y más aún, de los valores. No se pueden eliminar completamente los riesgos en lo que respecta a los valores, pero se pueden minimizar en la medida de lo posible o incluso desarrollar algún mecanismo para compensarlos.

Sin embargo, es fundamental tener en cuenta que la forma de tratar el riesgo depende de tu estrategia de trading e inversión. Por lo tanto, todo comienza en el nivel estratégico.

Los siguientes son los bloques de construcción necesarios para una estrategia de swing trading razonable para oportunidades de alto rendimiento y bajo riesgo:

- Establecer una tendencia

- Comprobación de los retrocesos de la tendencia
- Entrar en la tendencia al mejor precio posible
- Arriesgar una cantidad menor en relación con el potencial de beneficio
- Salir rápidamente una vez que alcances tu objetivo de ganancias.

Lo que necesitas saber para dominar la estrategia de swing trading para identificar oportunidades de alta recompensa y bajo riesgo

- Perfecciona tus habilidades para identificar tendencias
- Domina cómo funcionan el apoyo y la resistencia
- Aprende a usar la herramienta de retracción de Fibonacci
- Se capaz de identificar e interpretar los patrones de acción de los precios de las velas
- Comprende la vida útil promedio de la retención (desde unos pocos días hasta varias semanas)
- Practica la paciencia necesaria para esperar las condiciones adecuadas para entrar en un comercio
- Conoce y cultiva la mentalidad correcta requerida para el swing trading

BENEFICIOS DE LAS OPI

Sólo para recordarnos, OPI es un acrónimo de Oferta Pública Inicial. En la mayoría de los casos, es común que las nuevas empresas que se unen a los mercados de valores floten en la OPI. Debido a las estrictas reglas de entrada que requieren que sean lo suficientemente sólidas para cotizar en bolsa, suelen ser entidades de rápido crecimiento que requieren más capital para su expansión. Por lo tanto, experimentan más interés tanto de los traders como de los inversores que las entidades que han tenido la suficiente antigüedad en el mercado de valores.

¿Por qué considerar las OPI para el swing trading?

Las nuevas compañías no están probadas. La mayoría han experimentado un rápido crecimiento y noticias positivas en el mercado antes de decidirse a cotizar en bolsa. Por lo tanto, suele haber un interés, perspectivas y especulaciones abrumadoras. Esto crea cambios significativos. Además, debido a los volúmenes relativamente enormes que se están cotizando sobre la marcha, también atraen el interés de los traders e inversores a gran escala, lo que ayuda a verter más vitriolo a su volatilidad. Los swing traders encuentran en esto una oportunidad lucrativa para sumergirse.

¿Por qué las OPI son tan rentables para los traders?

Como hemos discutido, la mayoría de las OPI experimentan cambios bastante vigorosos. Cuanto mayor sea la oscilación, mayor será el margen de beneficio para un trader. Esto, acompañado de un enorme volumen de descarga, significa que el beneficio bruto sólo se limita a su capacidad financiera.

¿Cómo encuentras las OPI?

La mejor manera de encontrar OPI es tener un oído en el suelo. Escuchar las noticias financieras a menudo. Sigue de cerca los medios sociales financieros. Identifica empresas exitosas que estén experimentando un rápido crecimiento y mantente al tanto de la información que rezuma de ellas, incluso si proviene de su propia fuente.

Estrategia de inversión en las OPI - errores a evitar

- Perder la oportunidad de obtener beneficios - Las OPI, aunque suben la mayoría de las veces, son impredecibles en los primeros días. Ten una buena estrategia de venta (salida). Los retrasos innecesarios pueden causarte pérdidas. Recoge tus ganancias poco después de los días de cotización, una vez que hayas alcanzado tus objetivos de ganancias. A menos que se trate de una inversión a largo plazo, cobra tus ganancias cuando se presente una oportunidad. Siempre puedes volver a comprar más tarde una vez que te sientas cómodo con la tendencia de las acciones

- Apresurarse a buscar acciones en las OPI en el primer día de negociación - A menos que tengas una fuerte fe en el potencial de la OPI, siempre es prudente esperar unos días a que las acciones se despejen antes de empezar a comprar más. Generalmente, las OPI normalmente se negocian por encima de su precio de oferta cuando están en la lista. Sin embargo, sucumben a la toma de beneficios unos días después. Puedes beneficiarte de ellas una vez que se recuperen de la primera corrección y empiecen a subir.

- Sucumbir a la publicidad y a las hipótesis - Las OPI son normalmente muy promocionadas por los aseguradores, no importa cuán poco atractiva pueda ser la oferta de inversión. Por lo tanto, es prudente no invertir tus emociones en estas hipótesis.
- Corredores de confianza en las OPI - Los corredores quieren vender las OPI para obtener ganancias lucrativas de los suscriptores. Esto podría presionarlos mucho y así poner el interés propio en primer lugar.
- Evita ser atrapado por la comercialización de marcas - Las OPI con nombres de marcas conocidas están la mayoría de las veces sobrevaloradas y a veces muy llenas. Esto puede causar que no se recuperen una vez que se han incluido en la lista. No es raro encontrar marcas populares sin un fuerte respaldo financiero, lo que significa que sus fundamentos son pobres.
- Falta de un plan de stop-loss - Invertir sin un plan de stop-loss es arriesgar tu inversión. Las OPIs a menudo apelan a las emociones. Esto podría darte demasiada confianza como para que pases por alto los riesgos involucrados. Asegúrate de que tu inversión en la OPI esté respaldada por un plan de stop-loss.

Flipping

El flipping se refiere a la compra y venta de OPI inmediatamente después de que el mercado se abre para obtener beneficios rápidos.

¿Por qué flips?

La intención es comprar bajo, vender alto y salir con un beneficio rápido. Por lo tanto, un flipper de OPI compra una asignación de acciones en el mercado primario de una empresa que se hace pública y luego las vende de inmediato en el mercado secundario en lugar de mantenerlas. Esto es porque, el precio de la OPI es a menudo más bajo que el precio de apertura, lo que permite obtener un rápido beneficio. Por otra parte, las OPI son altamente volátiles. Pueden caer fácilmente en picado en un corto tiempo.

MERCADOS BAJISTAS (BEARISH MARKETS)

Los Bears florecen en los mercados bajistas. Este es su territorio. Aquí es donde encuentran las condiciones de vida adecuadas.

¿Qué es un "Bear Market – Mercado bajista"?

Es una condición en la que los precios de los valores experimentan una tendencia general a la baja. Esto genera pesimismo en el mercado, lo que causa la espiral descendente autosostenida del mercado. En esta condición, los inversores anticipan las pérdidas y por lo tanto se apresuran a descargar sus inversiones para reducir estas pérdidas. Generalmente, una caída del 20% en los índices del mercado general en un período de dos meses se considera como una entrada en un mercado bajista.

Características de un mercado bajista

Un bear market dura de varios trimestres a unos pocos años. El promedio de los mercados bajistas dura unos 3 años. La mayoría de los nuevos participantes en el trading a menudo confunden una corrección y un mercado bajista. Una corrección es una tendencia a corto plazo que dura menos de dos meses. Las correcciones ofrecen un buen momento para que los traders alcistas encuentren un pozo de entrada. Por otra parte, un mercado bajista difícilmente proporciona un punto de entrada adecuado para los operadores alcistas, ya que es imposible determinar el fondo de un mercado bajista.

Venta corta en un mercado bajista

La venta corta es una técnica que consiste en vender acciones prestadas y volver a comprarlas a precios más bajos para devolverlas al prestamista (corredor de bolsa).

Alcista contra Bajista – Bullish vs. Bearish

En un mercado alcista, los traders generalmente adquieren acciones de un brote inicial; las mantienen mientras comprueban los objetivos de beneficios en la tendencia alcista.

En un mercado alcista, los traders no pueden darse el lujo de obtener beneficios fáciles. Las tendencias sobreviven durante un corto período de tiempo. Los mercados se consolidan fácilmente mientras los precios siguen oscilando y los mercados los siguen en algunas direcciones laterales. No se puede disfrutar de una tendencia.

Bullish Swing contra Bearish Swing

Un bullish swing se caracteriza por altos y bajos más altos en una tendencia alcista. Conectando estos altos y bajos más altos juntos, se puede establecer un canal alcista. Se puede utilizar una media móvil simple de 50 períodos para identificar la tendencia. Si la media móvil va hacia arriba y el precio está por encima del movimiento promedio, eso es un bullish swing confirmado (tendencia alcista confirmada).

Un bearish swing se caracteriza por unos altos y bajos más bajos en una tendencia descendente. Conectando estos altos y bajos más bajos juntos, se puede establecer un canal bajista. La media móvil de 50 períodos va a la baja y la acción de los precios se mueve por debajo de la media móvil para confirmar un cambio bajista (tendencia bajista/tendencia a la baja).

Comercio de rango en un bearish market

Mientras que el mercado alcista depende de las tendencias, el mercado bajista depende más de los rangos que de las tendencias. Por lo tanto, en un mercado bajista, el comercio de rangos es menos arriesgado en comparación con el comercio de tendencias.

Formas de obtener beneficios en un mercado bajista

Obtener un beneficio en un mercado bajista es difícil, a diferencia de obtener un beneficio en un mercado alcista. Sin embargo, puedes encontrar fácilmente mejores oportunidades de obtener grandes ganancias en el mercado bajista ya que la mayoría de las manadas alcistas huyen de él, dejándote así mucho espacio y muchas oportunidades. Se trata de que domines las habilidades de un oso de caza exitoso.

Las siguientes son algunas de las formas de obtener beneficios en el mercado bajista

1. Encuentra un buen stock para comprar - Ve por un stock con mayor potencial de ganancias
2. Caza de dividendos - Un dividendo es un beneficio extra para ganar además de cosechar de las oscilaciones de los precios.
3. Cuidado con la calificación de los bonos - Una empresa con una buena calificación de bonos tiene buenos rendimientos y menos riesgos. Cuidado con las empresas con calificación AAA.
4. Cambia de sector según el rendimiento económico - Cuando la economía va bien, las empresas de lujo obtienen buenos beneficios. Sus acciones se vuelven rentables. Por otro lado, cuando la economía va mal, hay que escapar de ellas. En su lugar, invierte en acciones de empresas que se

ocupan de las necesidades, ya que la gente todavía tendrá que consumirlas. Los fondos de seguimiento (ETF) son buenos vehículos para hacer este movimiento sectorial.

5. Las malas acciones caen más profundamente que las buenas. Por lo tanto, son los más ideales para los traders bajistas.

6. Usa el margen inteligentemente - Un margen es un préstamo blando adelantado por un corredor de bolsa para que compres acciones. El mejor truco es usar el margen en las acciones que pagan dividendos inmediatamente después de que se hayan corregido.

7. Compra una opción call - Una opción call es un contrato que le da al comprador el derecho de un título en particular dentro de un período específico a un precio determinado. Esta opción se basa en la expectativa de que el título obtenga un precio más alto en un corto período de tiempo. Esto necesita un tiempo adecuado. El mejor momento para comprar es cuando el mercado bajista está a punto de tocar el suelo para que puedas ganar durante su subida.

8. Usa una call cubierta - Esto significa que estás cubriendo una opción call usando tus propias acciones. En esencia, te comprometes a vender su valor al tenedor del call (comprador) a un precio acordado en caso de que el valor suba para cumplir o superar el precio de ejecución. En consideración a tu compromiso, recibes una opción premium (ingreso en la call). Esta es una opción menos arriesgada en comparación con una opción call normal.

9. Utiliza una opción de venta para realizar ganancias - Esta opción te compromete a comprar una cierta cantidad de acciones (normalmente 100) a un precio determinado dentro del período de opción correspondiente. Una opción put te da derecho a una prima (ingresos). Como te interesa comprar el título cuando el precio cae (para reembolsar al

prestamista), te beneficia más ya que se te recompensa por ello.

10. Espera pacientemente para conseguir un buen ingreso - Mientras que un mercado bajista puede tomar mucho tiempo, puede ser altamente gratificante. Por lo tanto, cuanto más paciente seas, más probable es que lo golpees a lo grande. Sin embargo, esto es más una inversión que un trading.

TENDENCIAS DEL ANUNCIO DE UTILIDADES

En última instancia, todo inversor desea una recompensa por su inversión. Las acciones también tienen sus propios retornos. Las compañías declaran las ganancias en forma periódica - trimestral, semestral o anual. Estas ganancias informan a los inversores sobre el rendimiento de sus inversiones en términos de acciones.

A menudo, los anuncios de ganancias causan una reacción en el mercado. Esta reacción causa una deriva en el precio de las acciones, ya sea al alza o a la baja, dependiendo de las ganancias potenciales.

Como swing trader, estás interesado en cosechar beneficios de esta deriva en el precio de las acciones.

Hay dos tipos de anuncios de utilidades principales

1. Previo anuncio de utilidades
2. Post anuncio de utilidades (PEAD)

Tendencia previo anuncio de utilidades

La mayoría de las empresas tienen la política de declarar las ganancias en ciertas fechas calendario específicas. El superávit o la demanda pueden aumentar en el mercado debido a causas especulativas antes del anuncio de las utilidades. Esto es lo que se llama tendencia previo anuncio de utilidades.

Sin embargo, la tendencia previo anuncio de utilidades no es tan pronunciada como la tendencia post anuncio de utilidades, a menos que se desencadene por rumores o señales graves en el mercado.

PEAD

PEAD es un acrónimo de tendencia post anuncio de utilidades en inglés. Se refiere a la respuesta peculiar de las acciones al anuncio de las utilidades, que hace que desencadenen una tendencia de rendimientos anormales acumulativos que dura de semanas a meses en dirección a una sorpresa en las utilidades.

¿Por qué es importante el PEAD para los swing traders?

Los swing traders están simplemente interesados en el margen de beneficios. El PEAD ofrece una oportunidad para el swing. Este cambio puede ser alto o bajo dependiendo del impacto de las ganancias en el valor de la acción. El cambio puede ser hacia arriba o hacia abajo.

Si el anuncio es sobre ganancias positivas, entonces, es más probable que el cambio sea hacia arriba. Sin embargo, si el anuncio declara ganancias negativas, es más probable que la oscilación sea a la baja. Sin embargo, el comportamiento final dependerá de cómo y cuánto se desvían las ganancias declaradas de los períodos anteriores.

Por ejemplo, si el período anterior de beneficios por acción (EPS) fue 1,2 dólares y el actual EPS es de 0,7 dólares, entonces, aunque la EPS es positiva, sigue siendo negativa en relación con el período anterior. Esto puede no necesariamente desencadenar un serio movimiento ascendente. En su lugar, podría terminar provocando un giro hacia abajo. Por otra parte, si el EPS anterior fue de 0,7 dólares y el EPS actual es de 1,2 dólares entonces; esto naturalmente desencadenará un cambio ascendente ya que muestra una tendencia positiva.

Del mismo modo, si el anuncio declara ganancias negativas, entonces es más probable que el cambio sea a la baja. Sin embargo, si el EPS anterior fue de -0,6 dólares y el EPS actual es de -0,1, entonces, es más probable que haya un cambio alcista ya que muestra una tendencia positiva. Por otro lado, si el EPS anterior fue de -0,1 dólares y el actual es de -6 dólares, entonces, naturalmente, habrá un cambio a la baja ya que la tendencia es negativa.

Tanto en la fase ascendente como en la descendente, un swing trader puede tomar medidas dependiendo de si es alcista o bajista.

Lo que necesitas saber sobre el PEAD

El PEAD es más pronunciado en:

- Acciones de poco valor
- Las acciones con cobertura de analistas
- Las acciones con ingresos sorpresa además de utilidades sorpresa

Los retornos del PEAD pueden persistir incluso más allá de un cuarto

Características a buscar para identificar el mejor PEAD

Buscar extremo:

- Crecimiento de las ganancias (etapas tempranas de crecimiento)
- Crecimiento de las ventas (etapas iniciales de crecimiento con un potencial de explosión superior a la marca de los mil millones de dólares)
- Fuerza del precio (tendencia de inicio joven caracterizada por una primera etapa explosiva)

- Descuido (baja flotación y bajo volumen durante muchos años)

Estrategia PEAD

Esta estrategia tiene como objetivo sacar provecho de las utilidades sorpresa (ES). La ES es la diferencia entre las estimaciones de ganancias y las ganancias reportadas.

Estrategia básica:

- Vender valores con la ES en el decil inferior.
- Comprar valores con ES en el decil superior

Estrategia relativamente avanzada:

Además de la estrategia simple PEAD, factor en la tasa de apalancamiento. Por lo tanto;

- Vender valores con la ES más extremadamente negativa (decil inferior) y un ratio de apalancamiento bajo (inferior 1:3).
- Comprar valores con la ES (decil superior) más extremadamente positiva y alta relación apalancamiento (superior 1:3)

¿Qué acciones disfrutarán de un PEAD?

Para predecir las acciones que probablemente disfrutarán de un PEAD, comprueba si el anuncio de utilidades cumple con las siguientes tres cosas:

- Ventas sorpresa
- Utilidades sorpresa

- Estimaciones de aumento de las ganancias futuras basadas en la empresa

DISPOSICIONES BAJISTAS

Para poder obtener el máximo beneficio del seguimiento de tendencias, es imperativo que se puedan establecer disposiciones.

¿Qué es una disposición?

Para el trading de valores, una disposición se refiere a una combinación de varios factores que nos dan la perspectiva correcta sobre la dirección futura del precio de una acción. Estos factores incluyen señales de precios, patrón de precios e indicadores técnicos. Estas disposiciones están bien establecidas usando herramientas de gráficos. Sin embargo, no debemos olvidar que estas disposiciones no reflejan los eventos exactos del futuro. Son simplemente predictivas y, por lo tanto, se basan en una alta probabilidad de ocurrencia. En esencia, son disposiciones de alta probabilidad.

Para poder establecer disposiciones apropiadas, hay que establecer reglas que guíen estas disposiciones para orientar la toma de decisiones.

Disposiciones bajistas

Las disposiciones bajistas son aquellas que se basan en una perspectiva bajista. Los siguientes son los tres tipos principales de disposiciones bajistas:

1. El rally de auxilio
2. La divergencia bajista
3. El colapso del Mar Azul

Estos se identifican sobre la base de tres factores clave:

- El tipo de mercado

- Características
- Indicadores clave

El rally de auxilio

Características de los mercados:

Bajistas tanto de tendencia fuerte como de tendencia débil:

- Una acción que tiene una tendencia fuerte o débilmente bajista, pero que ha subido más allá de sus mínimos para alcanzar una media móvil importante, que actúa como resistencia.
- La decisión de entrada se basa en la confirmación de una condición de sobrecompra, como lo demuestra el indicador estocástico, y en la confirmación de una vela bajista.
- Probablemente se desencadena por una respuesta a los anuncios de noticias, un corto apretón (cortos obligados a cubrir sus posiciones y recomprar debido a un cambio sorpresa) o una racha de toma de ganancias a corto plazo.

Indicadores clave:

Acciones con tendencia fuerte o débilmente descendente que han subido hasta una pendiente descendente de 50 MA (tendencia débilmente descendente) o 20 MA (tendencia fuertemente descendente).

1. Fuerte aumento en el estocástico (período de cinco) hasta o sobre la línea de 80 comprada en exceso.
2. Vela bajista de algún tipo (puesta por el precio en el rally a ese promedio móvil).
3. Todos estos tres factores registran una señal de venta en corto, lo que indica que la acción está lista para ser registrada como una disposición de rally de auxilio válida.

La divergencia bajista

Tipo de mercado:

Mercados bajistas de tendencia débil y mercados de alcance

Características:

- Las acciones que se negocian dentro de una tendencia bajista de largo alcance, pero que actualmente se encuentra en un rally sustancial y ha registrado una serie de altas más altas
- Señala la cima de los repuntes agudos, es decir, más allá de 50 MA dentro de las tendencias descendentes de largo alcance.
- Se requieren al menos dos altas largas para la base de comparación. Sin embargo, no demasiadas.

Indicadores clave:

- Las acciones que están en un largo alcance
- Por encima de 50 MA. Al menos dos claras subidas de precio. El último precio máximo corresponde a un precio máximo más bajo en dos o más de los indicadores clave: Estocástico, histograma MACD, RSI, MACD, CCI, u OBV.

Si el último precio máximo corresponde a una resistencia de precio anterior, a una resistencia de la línea de tendencia o 200 MA, el mejor es el indicador.

Una señal de venta en corto se activa cuando una vela bajista se imprime en el gráfico diario una vez que se han cumplido los indicadores clave anteriores.

El colapso del Mar Azul

Tipo de mercado:

Mercados bajistas con fuerte tendencia a la baja

Características:

Una formación de copa y el mango inverso. Es lo opuesto al Mar Azul. Un Mar Azul es un nuevo territorio bajo en el que una población se negocia como claros (al menos 3 meses) de los bajos precios anteriores.

Indicadores clave:

- El precio de cierre de las acciones debe registrar un nuevo mínimo inmediatamente después de un nuevo mínimo anterior establecido en los últimos veinte días de negociación. Este nuevo mínimo debe ser consecuencia de un movimiento reciente y de corta duración en el precio, en lugar de una venta persistente.
- El nuevo mínimo actual del precio de cierre debe ser un mínimo significativo, es decir, un nuevo mínimo de precio de cierre debe ser registrado dentro de por lo menos los últimos tres meses de comercio.
- El nuevo precio de cierre bajo no debe tener un recorrido muy inferior al máximo de 52 semanas para la acción en particular. Por lo tanto, la acción no debe estar demasiado extendida a la baja.
- El desglose actual en el territorio del Mar Azul (es decir, sin apoyo de precios en los últimos tres meses) debe ir acompañado de la lectura más baja de OBV que se haya visto al menos en los últimos tres meses.
- La vela del día de la ruptura a un nuevo mínimo debe ser una vela roja (es decir, el cierre debe ser más bajo que la apertura).

Cuando todos estos indicadores se han cumplido en el mismo día, esto constituye una señal de venta corta.

CONCLUSIÓN

Gracias por adquirir y leer este libro "Swing Trading: El Manual Del Principiante Para Hacer Dinero Siguiendo La Tendencia"

Espero que la información proporcionada en este libro te haya permitido aprender el Swing. También espero sinceramente que te hayas inspirado lo suficiente para empezar a comerciar con acciones. Si encontraste útil este libro, ten la amabilidad de compartir la información sobre el mismo con otras personas y animarlas a adquirir una copia para que se beneficien.

¡Que tengas buena suerte!